La Fille Qui a Dit Qu'elle Pouvait

Chantal Triay

Il était une fois une petite fille qui avait de grands rêves.

1

Elle rêvait de
beaucoup de choses...

Des choses qu'elle pensait
ne pouvoir se réaliser que
dans ses rêves.

3

Quelquefois,
elle rêvait qu'elle avait des ailes.

"Je peux aller n'importe où dans le monde."

Quelquefois,
elle rêvait qu'elle était audacieuse.

"Je peux gagner cette course."

Quelquefois,
elle rêvait qu'elle était courageuse.

"Je peux l'aider."

Quelquefois,
elle rêvait qu'elle était ingénieuse.

"Je peux mélanger deux liquides pour former un gaz."

Quelquefois,
elle rêvait qu'elle pouvait
acheter tout ce qu'elle voulait.

"Je peux acheter celui-là."

Quelquefois,
elle rêvait qu'elle était une héroïne.

"Je peux les sauver."

Quelquefois,
elle rêvait qu'elle était créative.

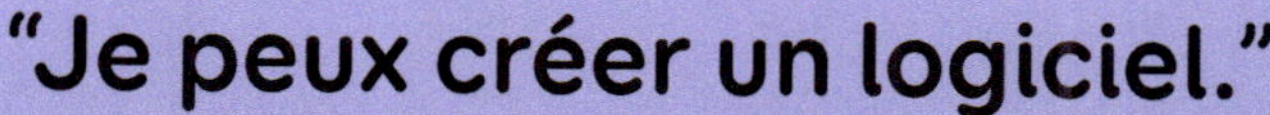

"Je peux créer un logiciel."

Quelquefois,
elle rêvait qu'elle était capable.

19

Quelquefois,
elle rêvait qu'elle était brave.

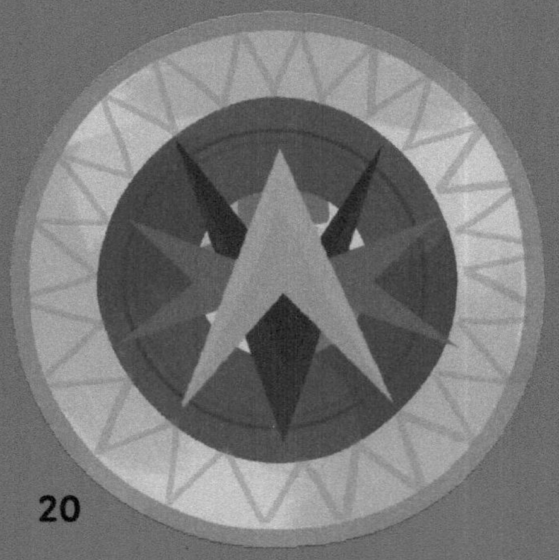

"Je peux me battre pour la liberté."

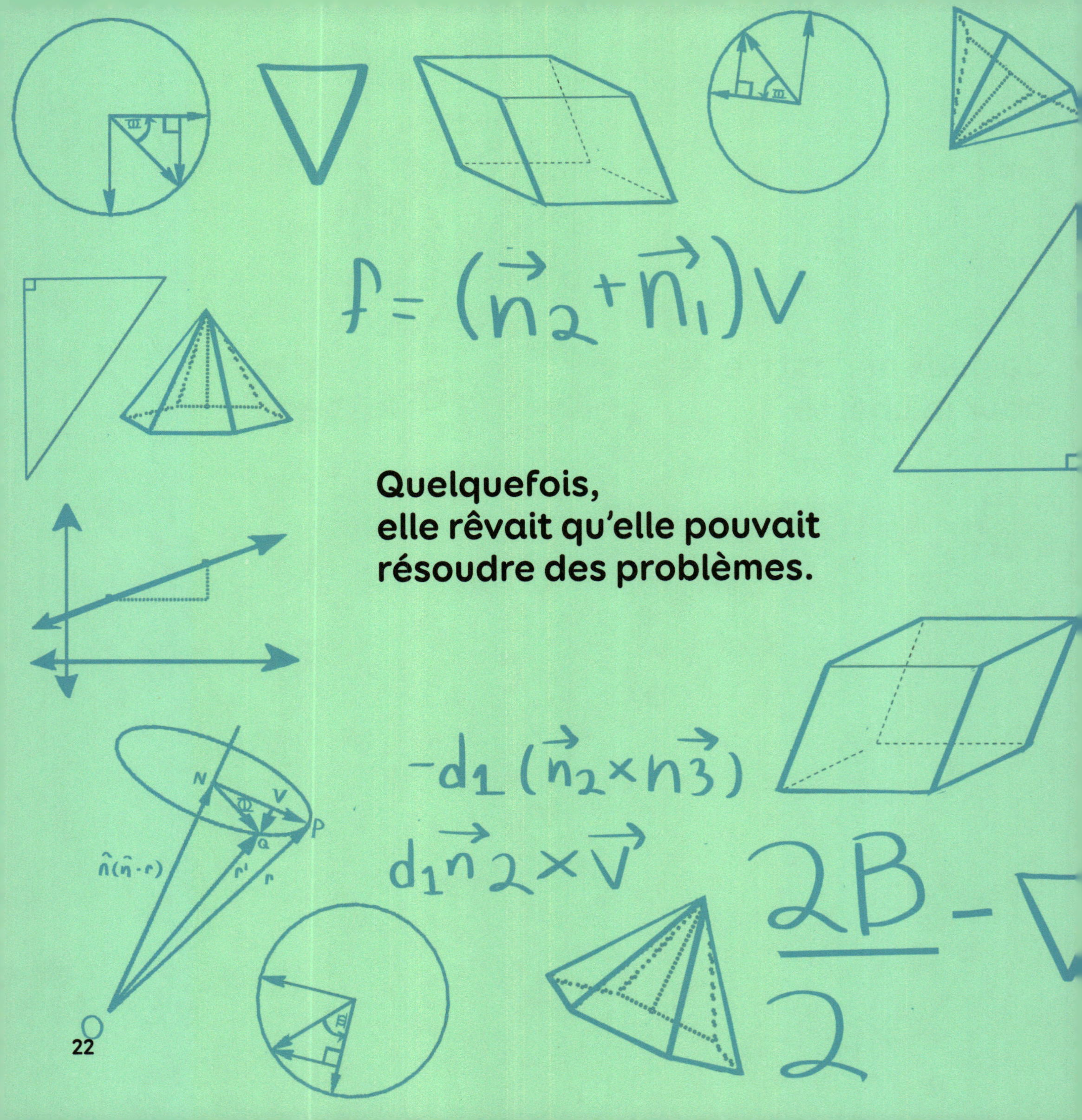

Quelquefois,
elle rêvait qu'elle pouvait
résoudre des problèmes.

23

Quelquefois,
elle rêvait qu'elle pouvait
construire de grandes choses.

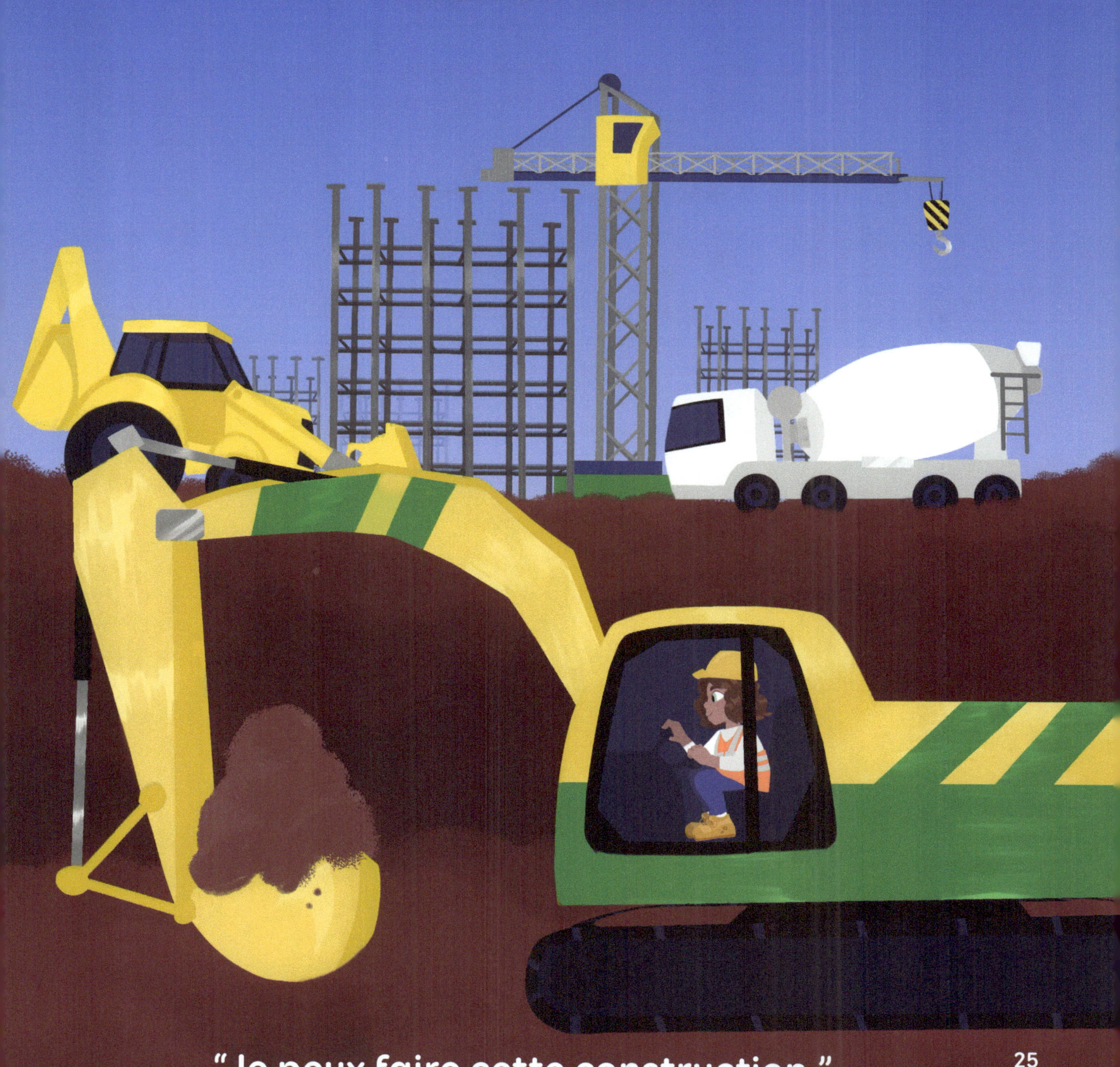

"Je peux faire cette construction."

Quelquefois,
elle rêvait qu'elle était forte.

"Je peux me défendre."

Quelquefois,
elle rêvait qu'elle avait du pouvoir.

"Je peux changer le monde."

Quelquefois,
elle rêvait qu'elle était convainquante.

"Je peux vous rencontrer
au Palais de Justice demain."

Quelquefois,
elle rêvait qu'elle
pouvait aller au-delà.

33

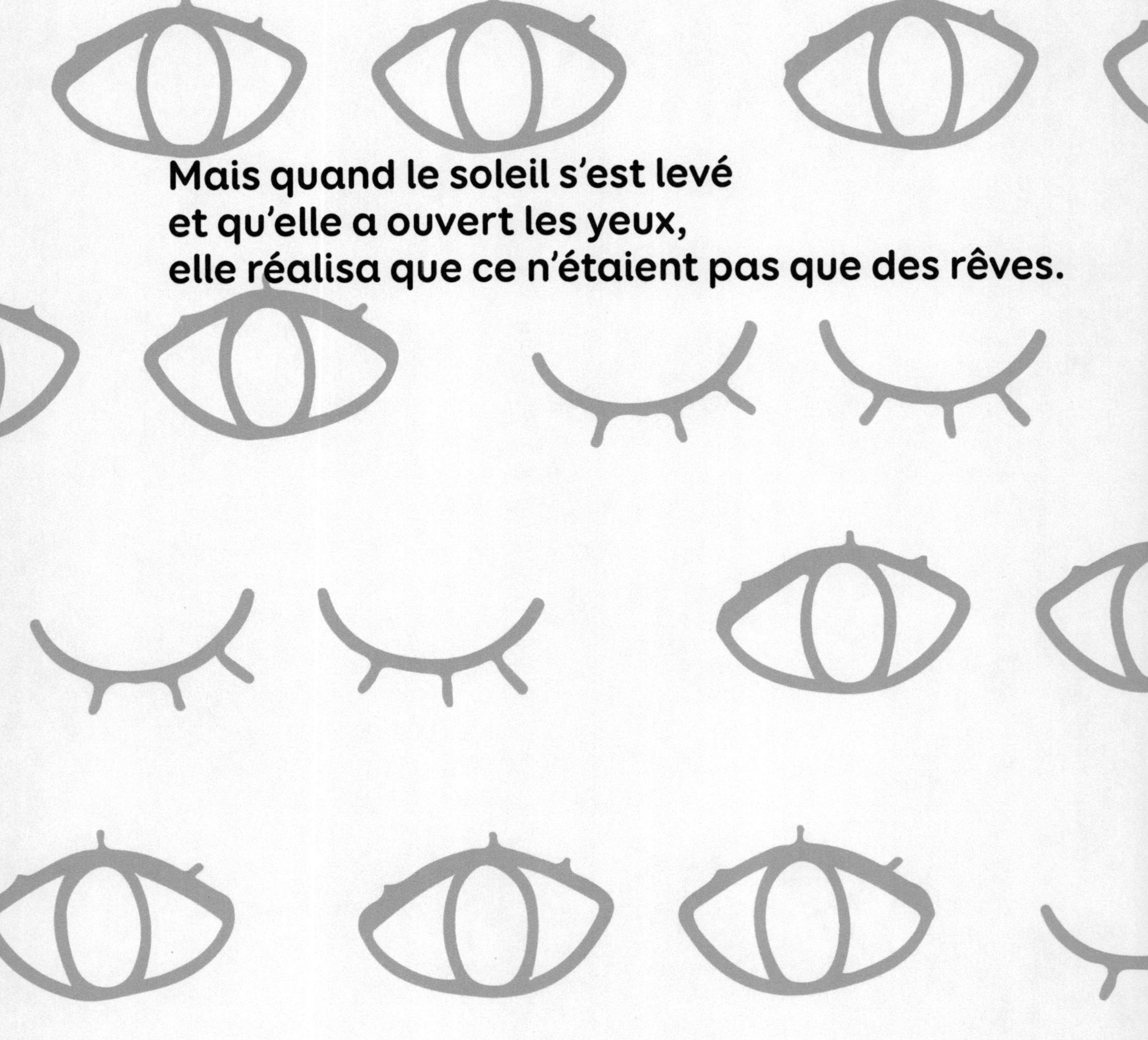

Mais quand le soleil s'est levé
et qu'elle a ouvert les yeux,
elle réalisa que ce n'étaient pas que des rêves.

Tout ce dont elle rêvait était
présent en elle-même.

Elle savait qu'elle pouvait devenir ce qu'elle voulait en croyant en elle-même.

Alors, bien décidée, elle a commencé
sur son chemin et a dit...
"Je suis prête a vivre mes rêves."

37

Les activités
Pouvez-vous le faire? Voyons voir!

LA CHIMIE

Qu'obtenez-vous lorsque vous mélangez du sodium ($Na+$) et du chlorure ($Cl-$)?
a. Du sel
b. Du vinaigre
c. Du poivre
d. Du ketchup

LES MATHÉMATIQUES

$16+13=$ _________

$27-18=$ _________

$15/3=$ _________

$22x4=$ _________

LA PHYSIQUE

Quel genre d'éclipse avons-nous lorsque la lune est entre le soleil et la terre?
a. Une éclipse nucléaire
b. Une éclipse d'halloween
c. Une éclipse solaire
d. Une éclipse spatiale

LES FAITS AMUSANTS: SAVIEZ-VOUS?

Il y a environ 1,000,000,000,000,000,000,000 (1 milliard de milliards) d'étoiles dans l'univers que l'on peut observer.

La guerre anglo-zanzibarienne de 1896 est la guerre la plus courte de l'histoire, elle a duré que 38 minutes.

Certaines tornades peuvent avoir des vitesses de vent supérieures à 480 km/h, ce qui est plus rapide que la voiture de course la plus rapide!

Vous pouvez survivre pendant 3 MINUTES sans oxygène ou dans de l'eau glacée.

Vous pouvez survivre pendant 3 HEURES sans abri dans un environnement froid ou chaud.

Vous pouvez survivre pendant 3 JOURS sans eau.

Vous pouvez survivre pendant 3 SEMAINES sans nourriture si vous avez de l'eau et un abri.

Réponses: La Chimie: a. Du sel • Les Mathématiques: a.29, b.9, c.5, d.88 • La Physique: c. Une éclipse solaire

À propos de l'auteur

Chantal Triay est une Américaine franco-mexicaine qui vit dans le sud de la Californie et travaille en tant qu'ingénieur en construction. Elle est une conférencière internationale et une auteure publiée qui encourage les filles et les femmes a être elles-mêmes. Chantal est une leader dans sa communauté et a acquis une reconnaissance mondiale pour son influence inspirante.

Ce livre est dédié à celles qui rêvent, et osent poursuivre leurs rêves.